El béisbol es nuestro juego

por Joan Downing

Fotografías por Tony Freeman

Traductora: Lada Kratky
Consultante: Orlando Martinez-Miller

CHILDRENS PRESS™

CHICAGO

Para Tracy, con cariño

Library of Congress Cataloging in Publication Data

Downing, Joan.
　Baseball is our game.

　Summary: A pictorial introduction to the game of
baseball.
　1.　Baseball—Juvenile literature.　[1.　Base-
ball]　I.　Freeman, Tony, ill.　II.　Title.
GV867.5.D68　　　796.357′2　　　82-4418
ISBN 0-516-33402-6　　　　AACR2

Jugamos al béisbol.

Nuestro entrenador nos habla
antes de cada partido.

Cuando un equipo está al campo,
el otro equipo está al bate.

El lanzador trata
de lanzar pelotas
buenas.
Si lanza tres
pelotas buenas,
el bateador está
fuera del juego.

7

El receptor usa
una máscara,
espinillera,
y un protector para el pecho.
El árbitro también los usa.

Si el bateador le pega a la pelota,
corre hacia la primera base.

11

Tenemos que aprender a atrapar la pelota.

Tenemos que aprender a lanzar la pelota.

Lanzar la pelota
es trabajo difícil.

16 A veces el corredor está a salvo.

A veces está fuera del juego.

Después de tres fueras,
batea el otro equipo.

En un banco
esperamos nuestro
turno para batear.

Nuestros entrenadores nos
ayudan durante el partido.

Es divertido pegarle a la pelota.
Nuestros cascos de seguridad nos protegen.

Tenemos que correr rápidamente.

A veces le pegamos bien a la pelota,
y corremos rápidamente,
y tocamos todas las bases.

¡A salvo en la meta!
¡Una carrera para nuestro equipo!

Nuestras familias aplauden.
Nuestros amigos aplauden.

No importa si
ganamos o
perdemos. ¡Nos
gusta mucho
el béisbol!

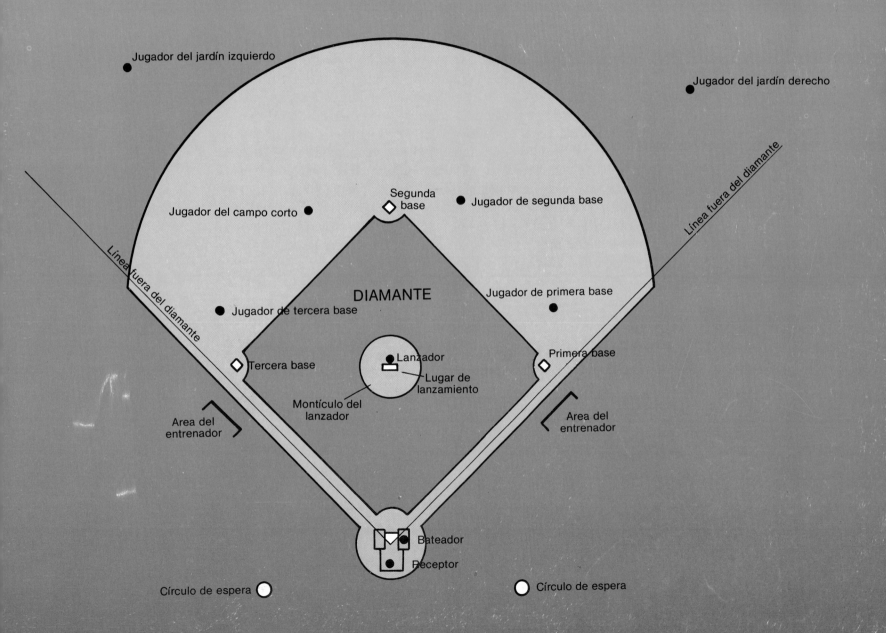

Jugador del jardín central

JARDINES

Jugador del jardín izquierdo

Jugador del jardín derecho

Línea fuera del diamante

Segunda base

Jugador del campo corto

Jugador de segunda base

Línea fuera del diamante

DIAMANTE

Jugador de primera base

Jugador de tercera base

Primera base

Tercera base

Lanzador

Lugar de lanzamiento

Montículo del lanzador

Area del entrenador

Area del entrenador

Bateador

Receptor

Círculo de espera

Círculo de espera

Sobre la autora

Joan Downing, experta editora de libros y escritora ocasional indepen-
diente, se ha interesado siempre y ha participado en libros que tratan de
materias que atraen a un variado número de jóvenes lectores. Su último
esfuerzo, *El béisbol es nuestro juego,* fue escrito especialmente para aquellos
jóvenes que apenas están empezando a adquirir un verdadero interés en su
deporte favorito. Joan ha trabajado en las artes gráficas desde que se
graduó de la Universidad de Wisconsin en Madison. Joan reside en Evanston,
Illinois, y comparte su casa con su hija, Julie, y tres gatos de varios
tamaños, formas, colores, y personalidades. Sus hijos, Tim y Chris, comparten
un apartamento cercano y la visitan frecuentemente. Las actividades
principales durante el tiempo libre de Joan son la jardinería, la lectura,
viajes de pesca al condado de Door, Wisconsin, en el verano, y proyectos
de artes y oficios en el invierno.

Sobre el fotógrafo

Tony Freeman ha sido maestro de fotografía en la Escuela Secundaria de
Anaheim en California desde 1962. El opina que debe mantenerse activo
en la fotografía si ha de enseñarla. Añadiéndole a esto su interés en todas
las cosas estimulantes que el mundo ofrece, y es obvio por qué le gusta
producir fotografías y libros. El señor Freeman ha siempre participado con
sus seis hijos en los Niños y Niñas Exploradores, orquestas escolares,
deportes, y actividades de la iglesia. Está siempre tan rodeado de jóvenes
que se siente como uno de ellos. Entonces es natural que se dedique a
ilustrar libros para niños. Goza con aprender cosas nuevas y compartir
estas cosas con la juventud, ambos en su sala de clase y en sus libros.